张迁碑

中华碑帖精粹　二三

中华书局

图书在版编目（CIP）数据

张迁碑／中华书局编辑部编．—北京：中华书局，2019.2（2023.10重印）
（中华碑帖精粹）
ISBN 978-7-101-13535-0

Ⅰ．张…　Ⅱ．中…　Ⅲ．隶书-碑帖-中国-汉代
Ⅳ．J292.22

中国版本图书馆CIP数据核字(2018)第248387号

中华碑帖精粹

张迁碑

责任编辑　董　虹　周　璐
责任印刷　陈丽娜

出版发行　中华书局有限公司
地　　址　北京市丰台区太平桥西里38号　100073
网　　址　http://www.zhbc.com.cn
E-mail　zhbc@zhbc.com.cn
印　　刷　北京雅昌艺术印刷有限公司
开　　本　880×1230毫米　1/16
印　　张　2.5
版　　次　2019年2月北京第1版
　　　　　2023年10月北京第3次印刷
印　　数　8001-9500册

书号　ISBN 978-7-101-13535-0
定价　25.00元

出版说明

《张迁碑》，全称《汉故谷城长荡阴令张君表颂》，东汉灵帝中平三年（一八六）立于东郡谷城县（今山东平阴县西南）。明初出土，今置泰安岱庙东廊房里。《张迁碑》是原谷城长张迁改任荡阴令后，由谷城故吏集资为其建立的功德碑，记录了张迁的政绩和德望。

《张迁碑》上承篆隶下启魏碑，既有篆隶笔意，又有楷书意味。清代碑学兴起，《张迁碑》的书法价值被重新发现，伊秉绶、阮元、吴让之、何绍基、沈曾植等人，皆有临摹作品传世。《张迁碑》与《曹全碑》一起，成为隶书典范。《张迁碑》用笔以方为主，方中寓圆，拙中生巧，静中有动。笔画质朴厚重，淳古而不乏生趣。结体方整严密，计白当黑，疏可走马，密不透风。字形上大下小，错综揖让，多有奇趣。章法灵动多变，行距清晰，字距参差。

汉故谷

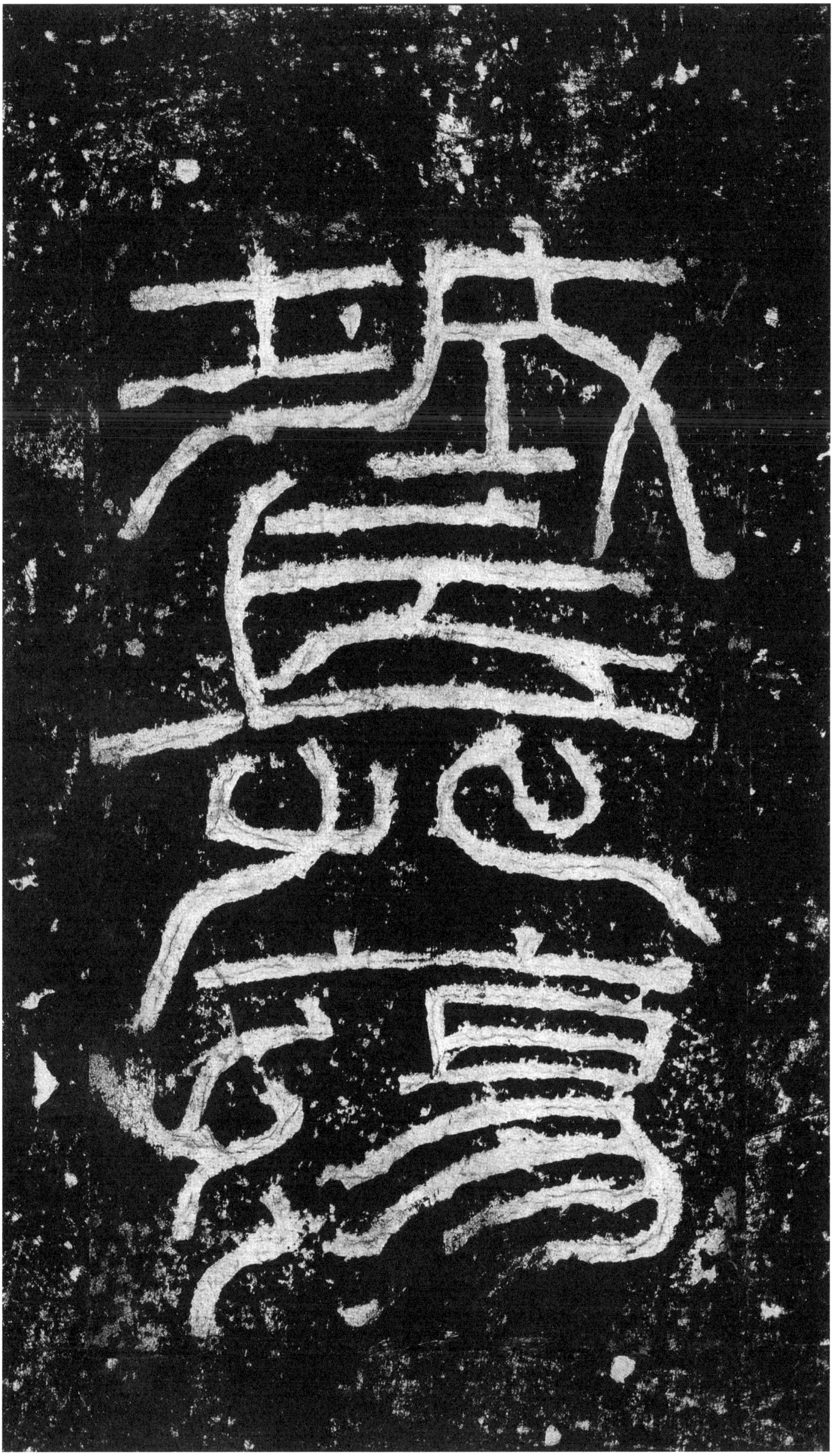

城长荡

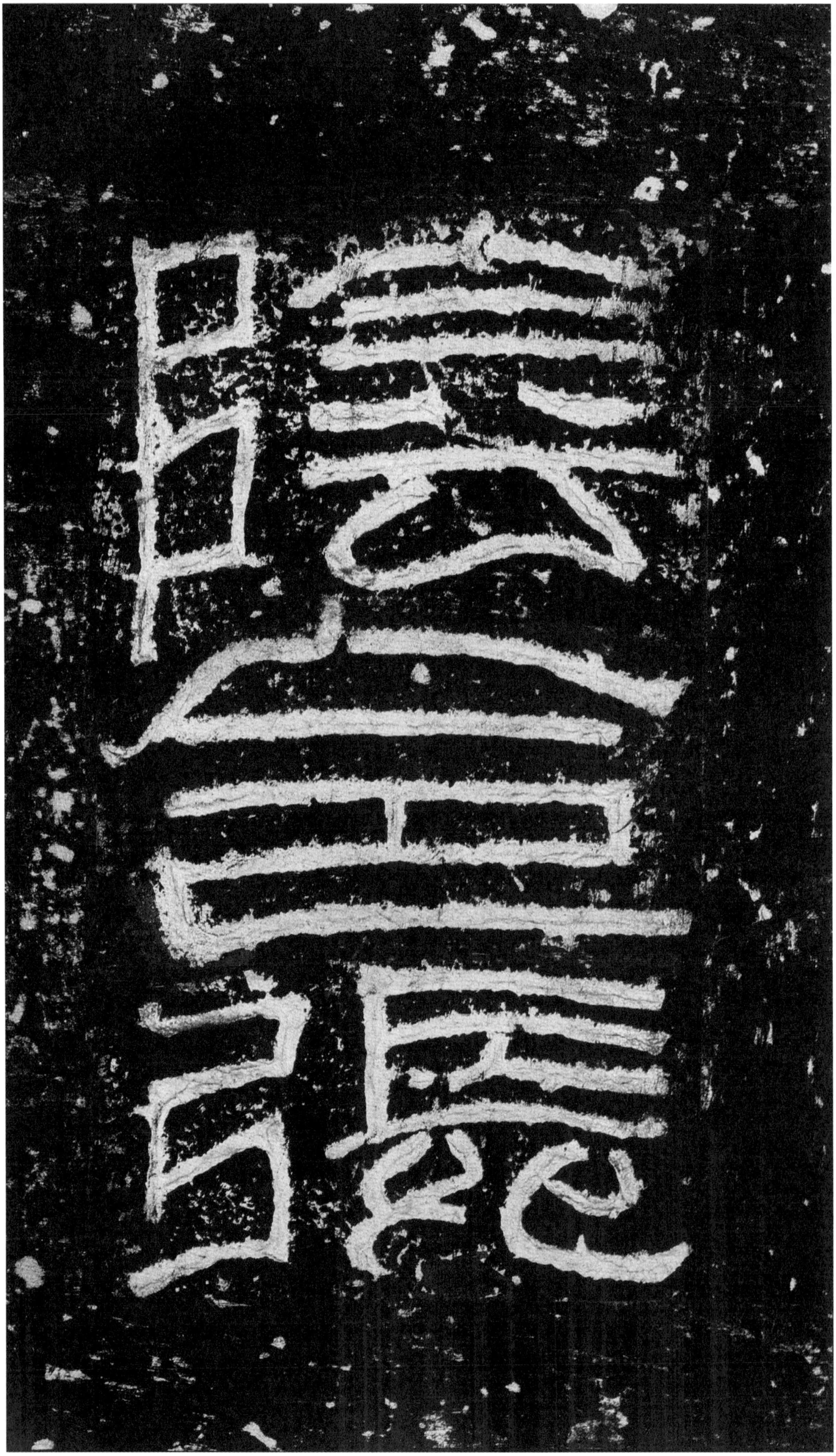

阴令张

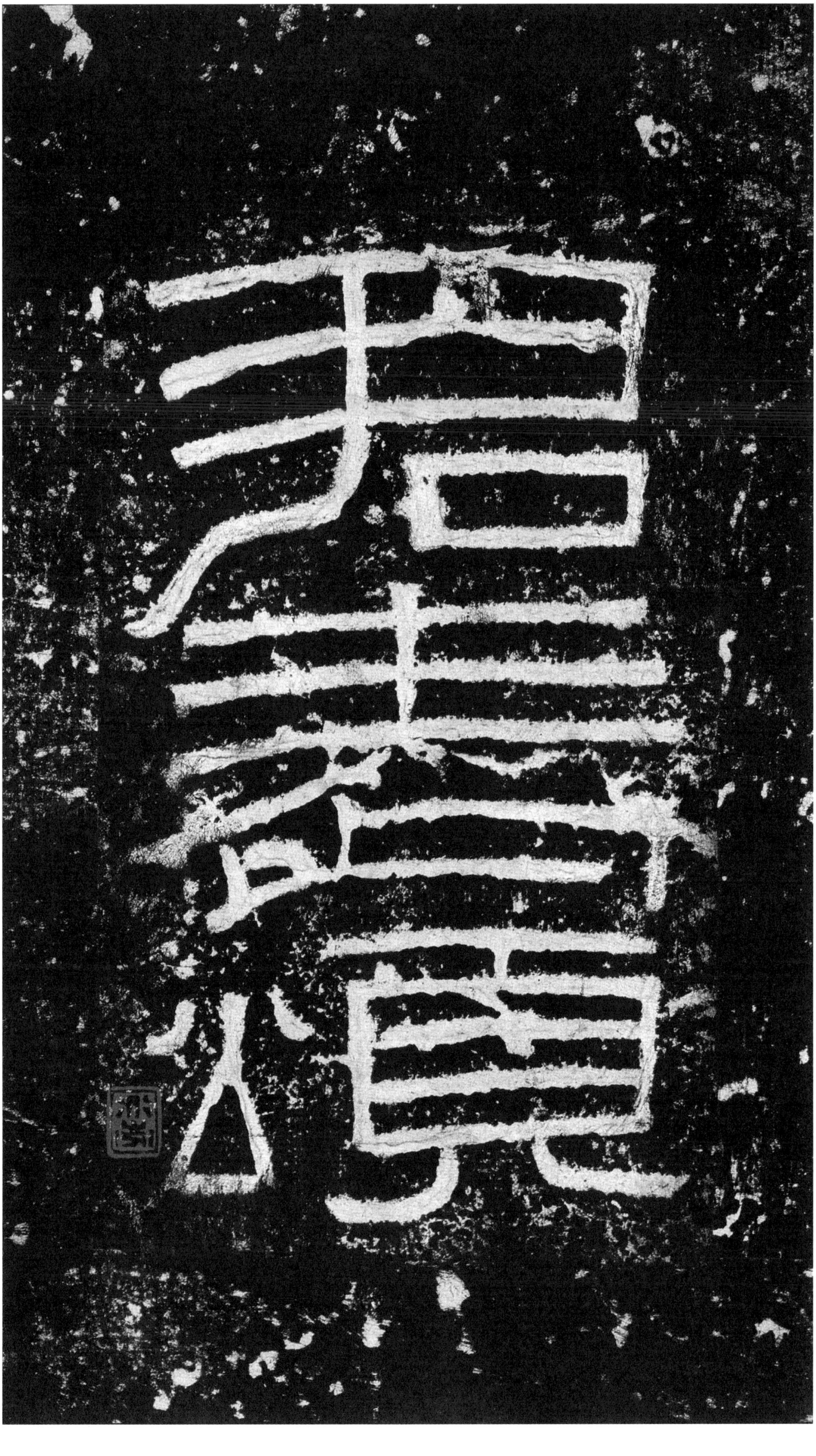
君
表

君讳迁，字公方，/陈留己吾人也。/君之先出自有/

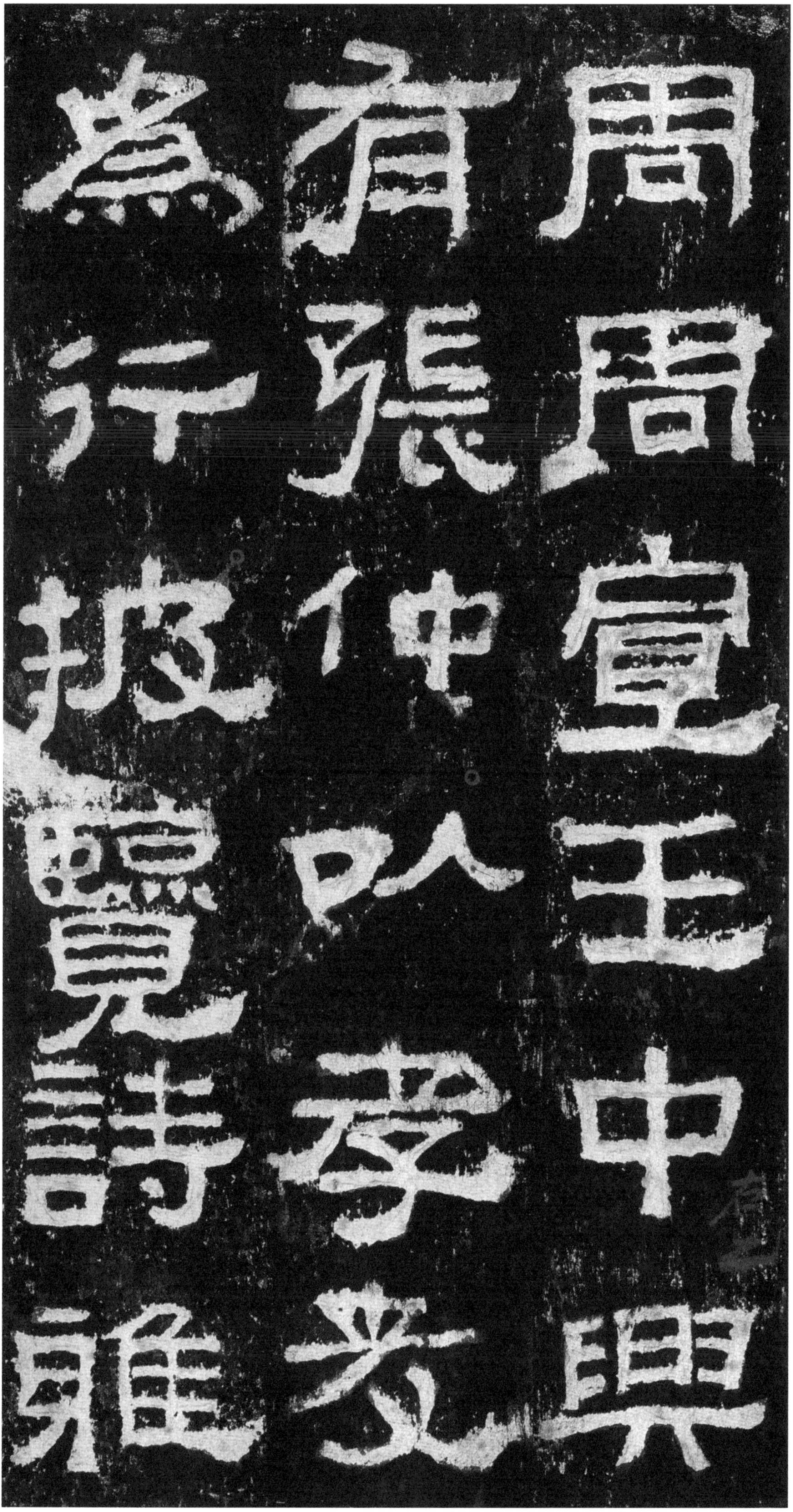

周，周宣王中兴，/有张仲，以孝友/为行，披览《诗·雅》，/

焕知其祖。高帝／龙兴，有张良，善／用筹策，在帷幕／

之內決勝負年
里之外析珪於
留文景之間有

之内，决胜负千/里之外，析珪于/留。文、景之间，有/

张释之，建忠弼／之谟。帝游上林，／问禽狩所有。苑／

令不对，更问啬/夫，啬夫事对。于/是进啬夫为令，/

令退为啬夫。释\之议为不可，苑\令有公卿之才，\

啬夫喋喋小吏，/非社稷之重。上/从言。孝武时，有/

张骞，广通风俗，/开定畿寓，南苞/八蛮，西羁六戎，/

北震五狄，东勤／九夷。荒远既殡，／各贡所有。张是／

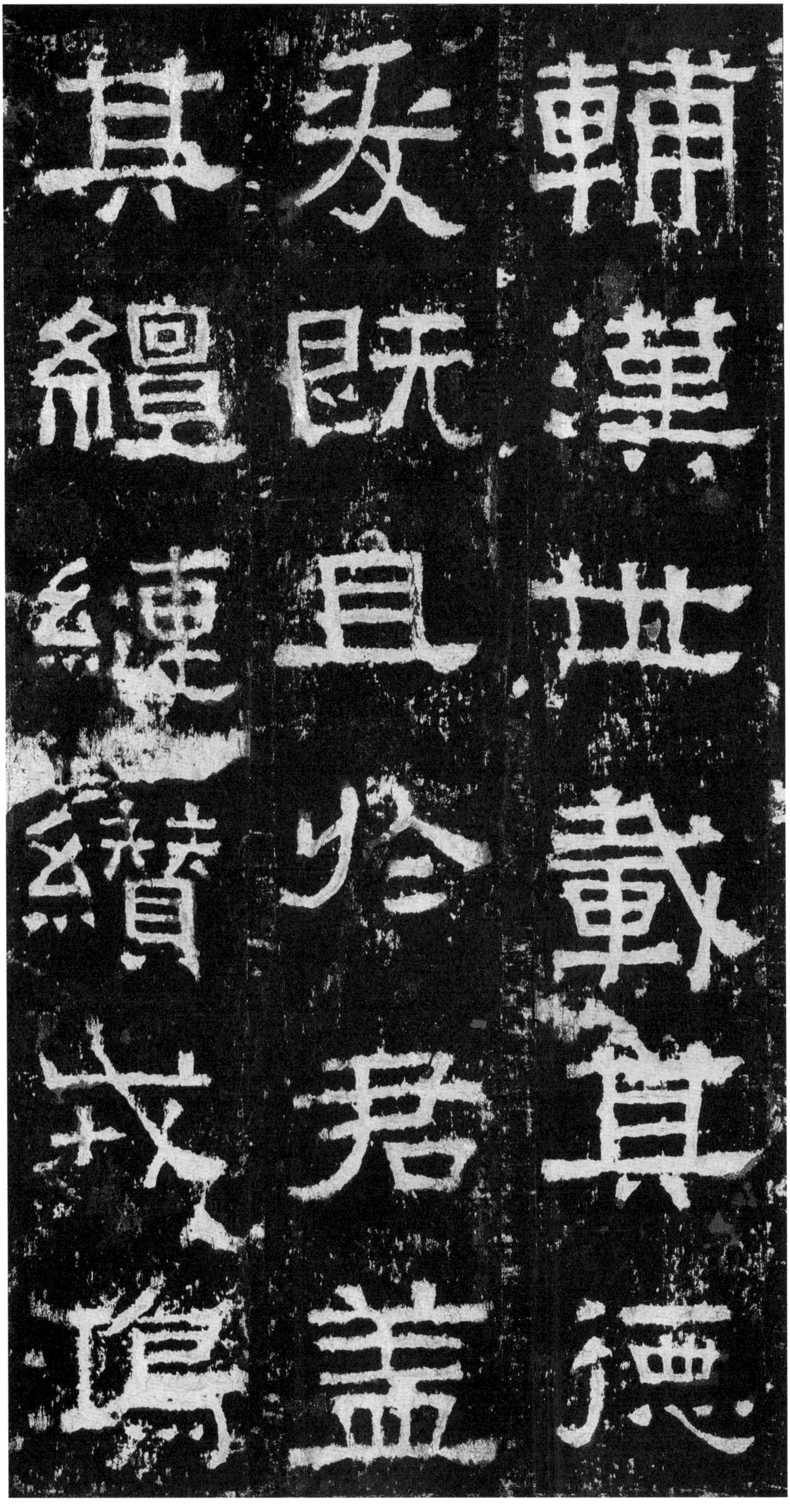
輔漢世載其德
爰既且於君蓋
其繵縺纘戎鴻

辅汉，世载其德。/爰既且于君，盖/其繵縺。缵戎鸿/

绪，牧守相系，不/殒高问。孝弟于/家，中謇于朝。治/

京氏《易》，聪丽权＼略，艺于从畋。少＼为郡吏，隐练职＼

位，常在股肱。数∖为从事，声无细∖闻。征拜郎中，除∖

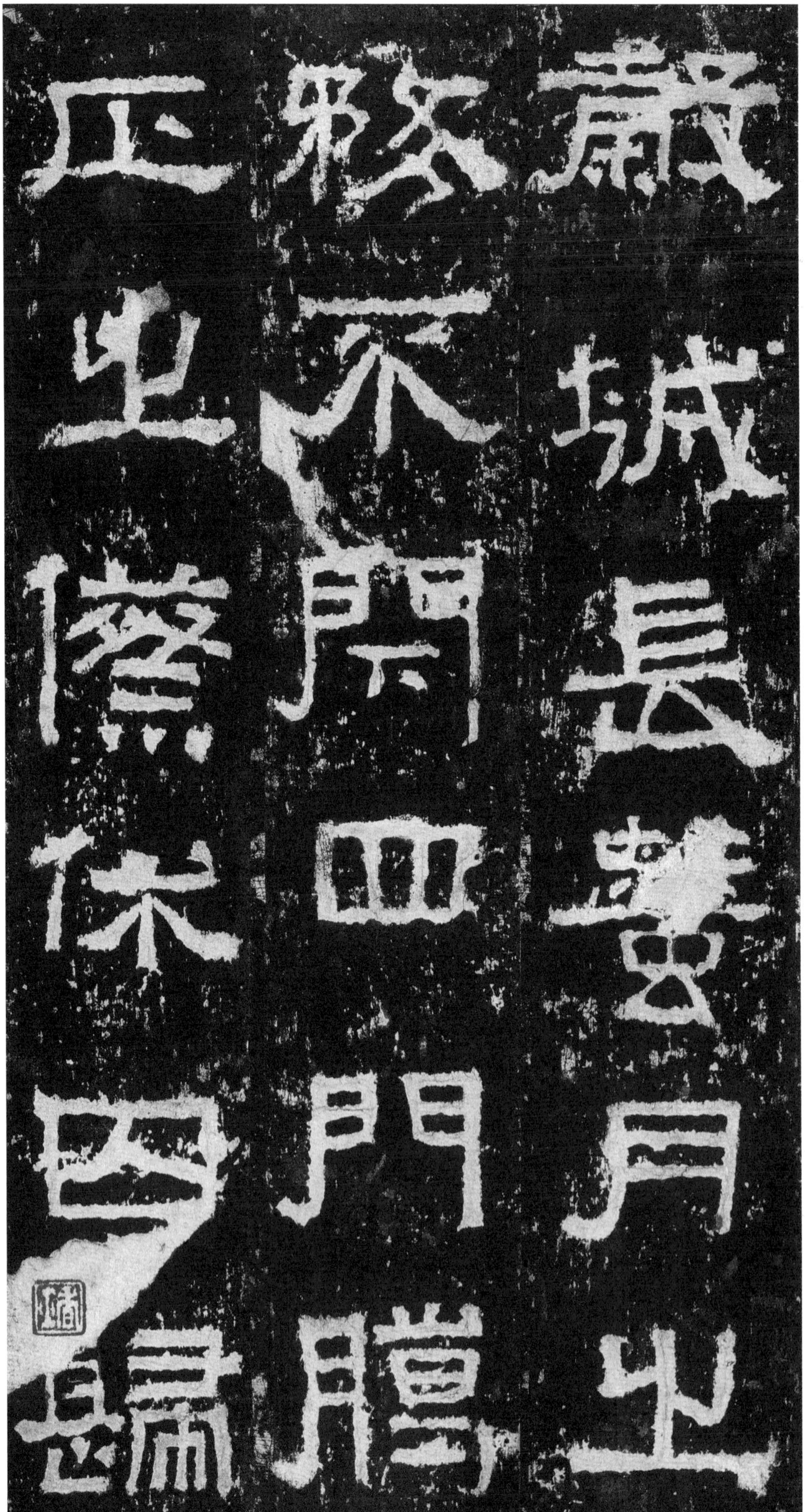

谷城长。蚕月之/务，不闭四门。腊/正之僚，休囚归/

贺。八月筭民，不/烦于乡。随就虚/落，存恤高年。路/

无拾遗，犁种宿/野。黄巾初起，烧/平城市，斯县独/

全。子贱、孔蔑，其/道区别。《尚书》五/教，君崇其宽。《诗》/

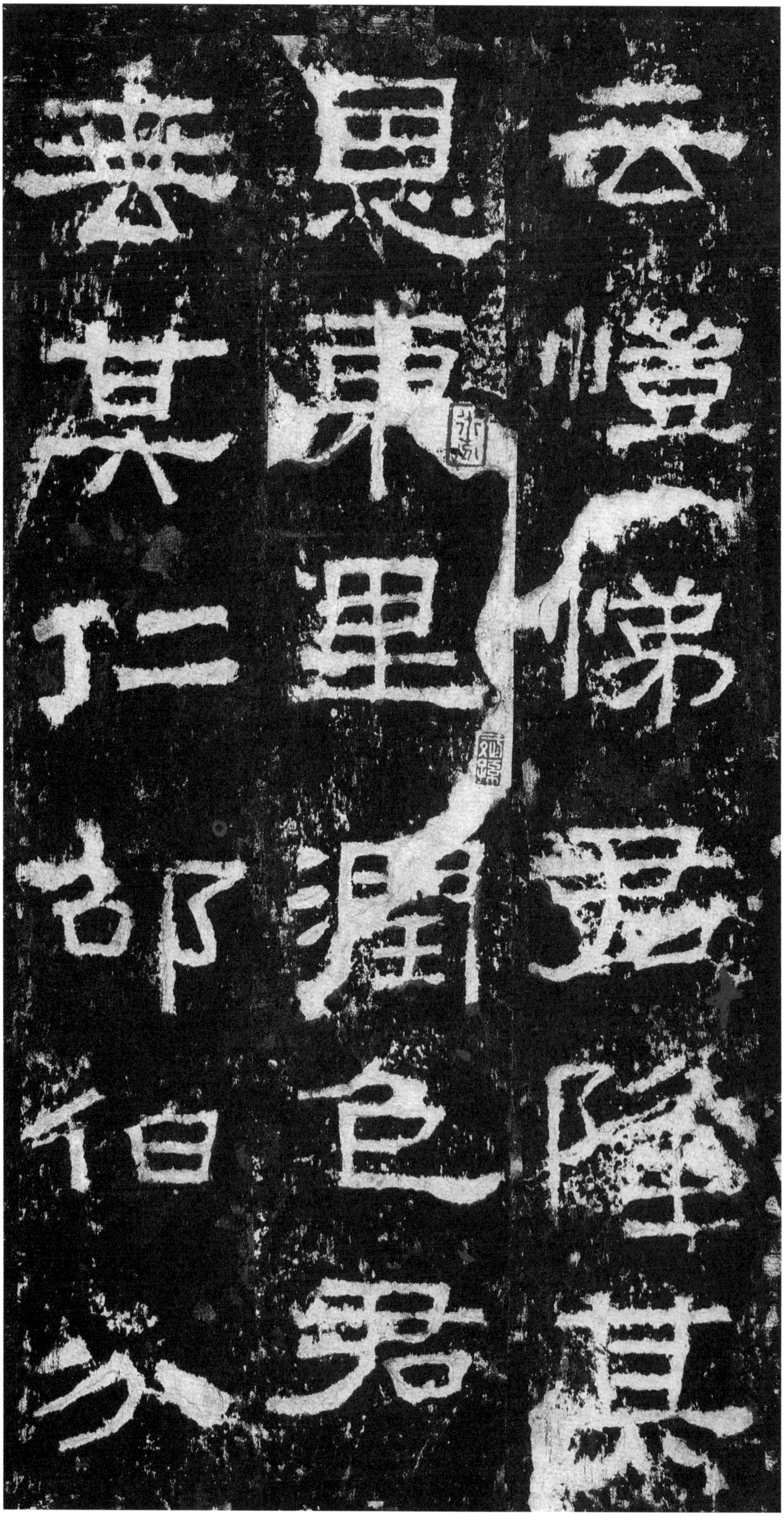

云悺悌，君隆其／恩。东里润色，君／垂其仁。邵伯分／

陕，君懿于棠。晋／阳珮玮，西门带／弦。君之体素，能／

双其勋。流化八/基，迁荡阴令。吏/民颉颃，随送如/

云。周公东征，西/人怨思。奚斯赞/鲁，考父颂殷。前/

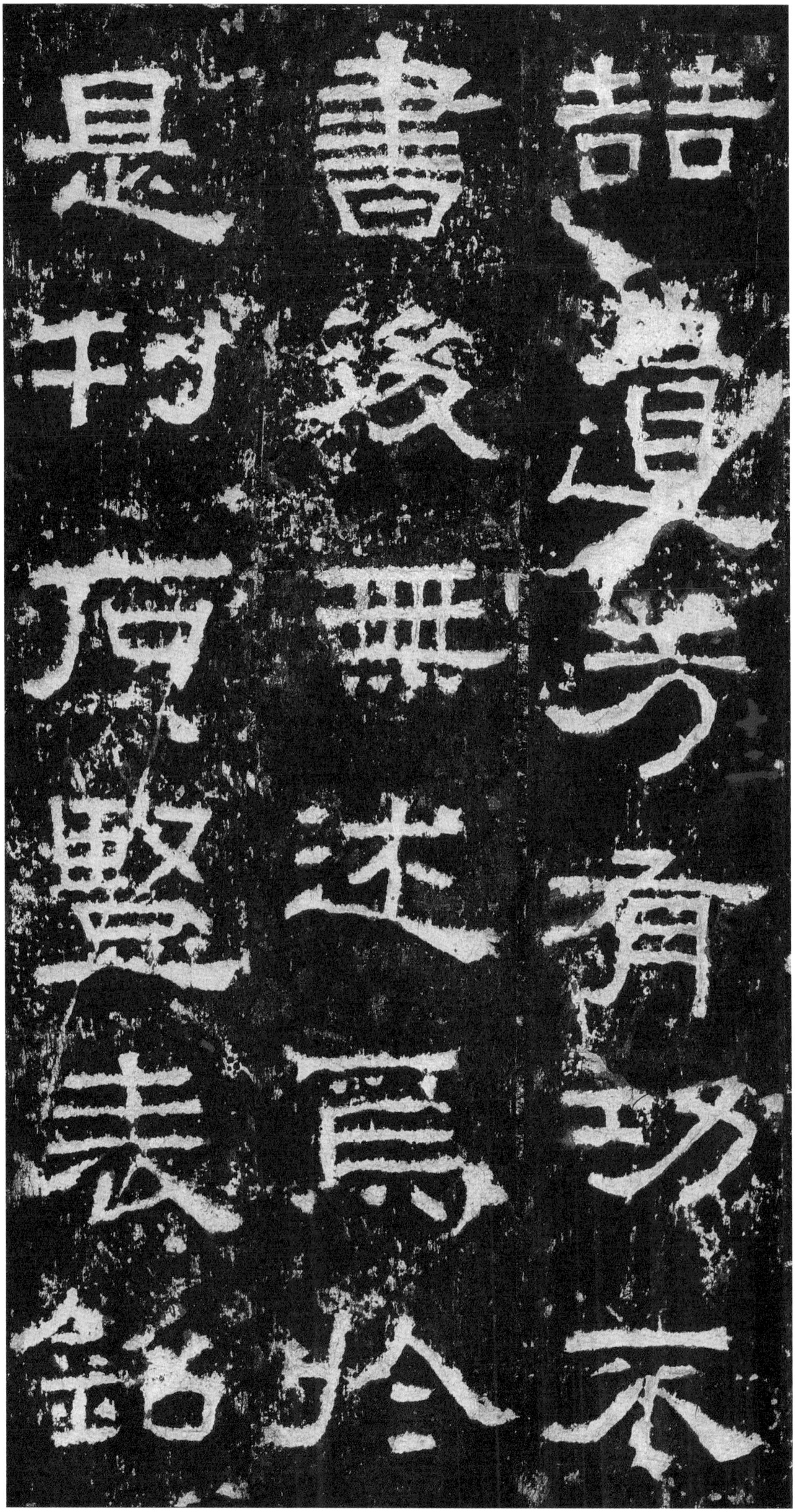
喆遺芳有功不
書後無述焉於
是刊石豎表銘

哲遗芳，有功不/书，后无述焉。于/是刊石竖表，铭/

勒万载。三代以/来，虽远犹近。《诗》/云旧国，其命惟/

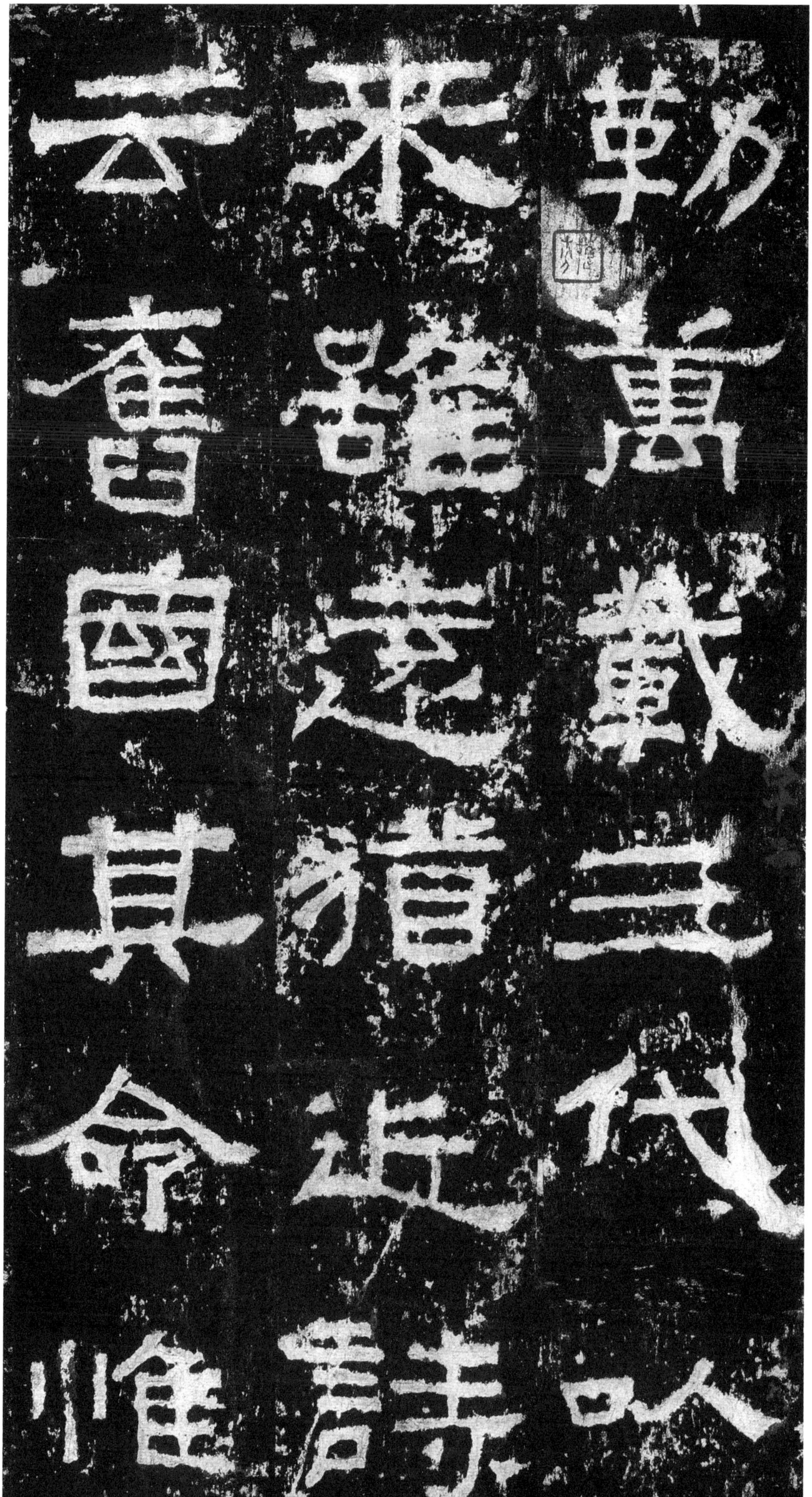

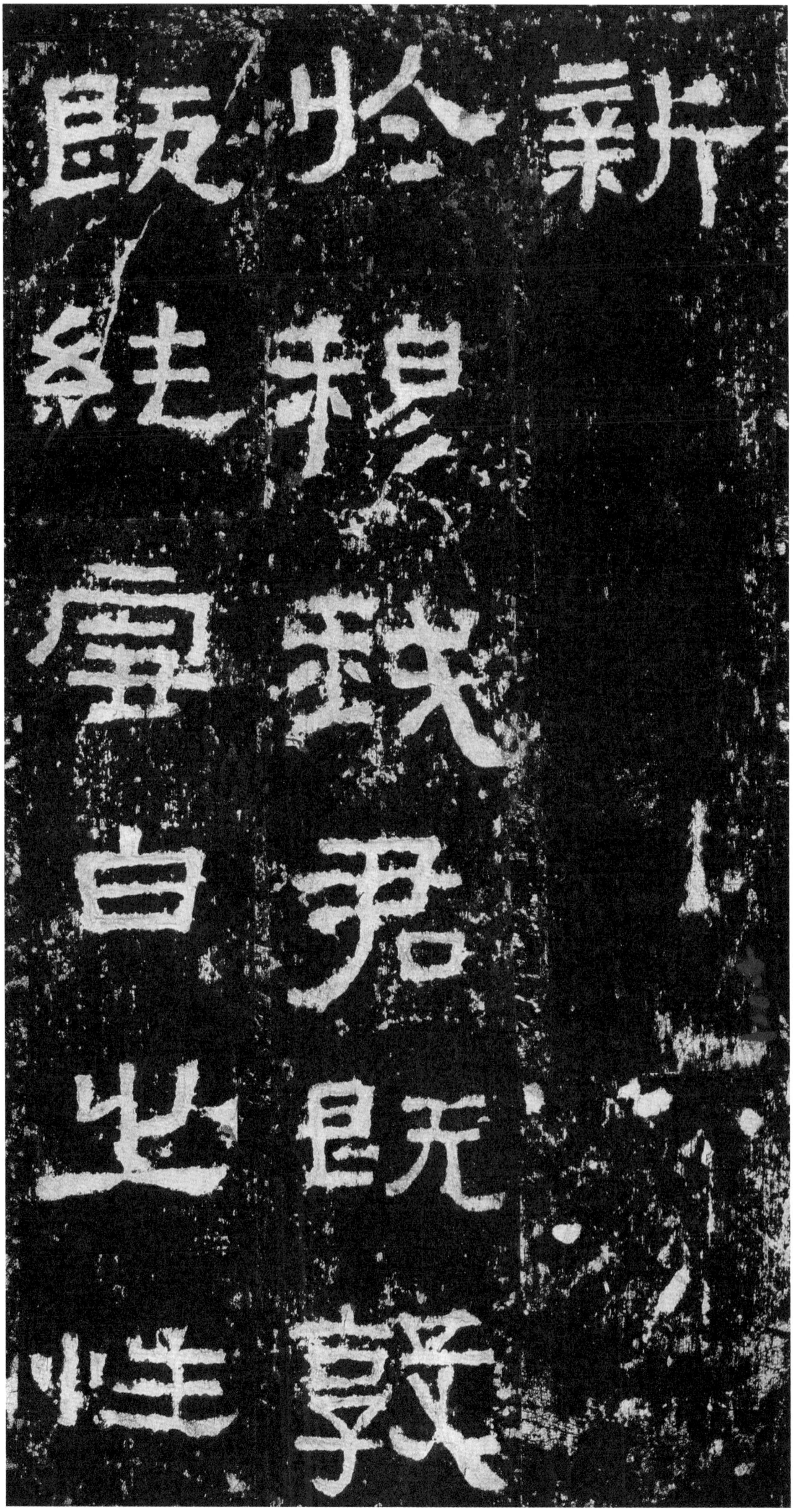

新。／於穆我君，既敦／既纯。雪白之性，／

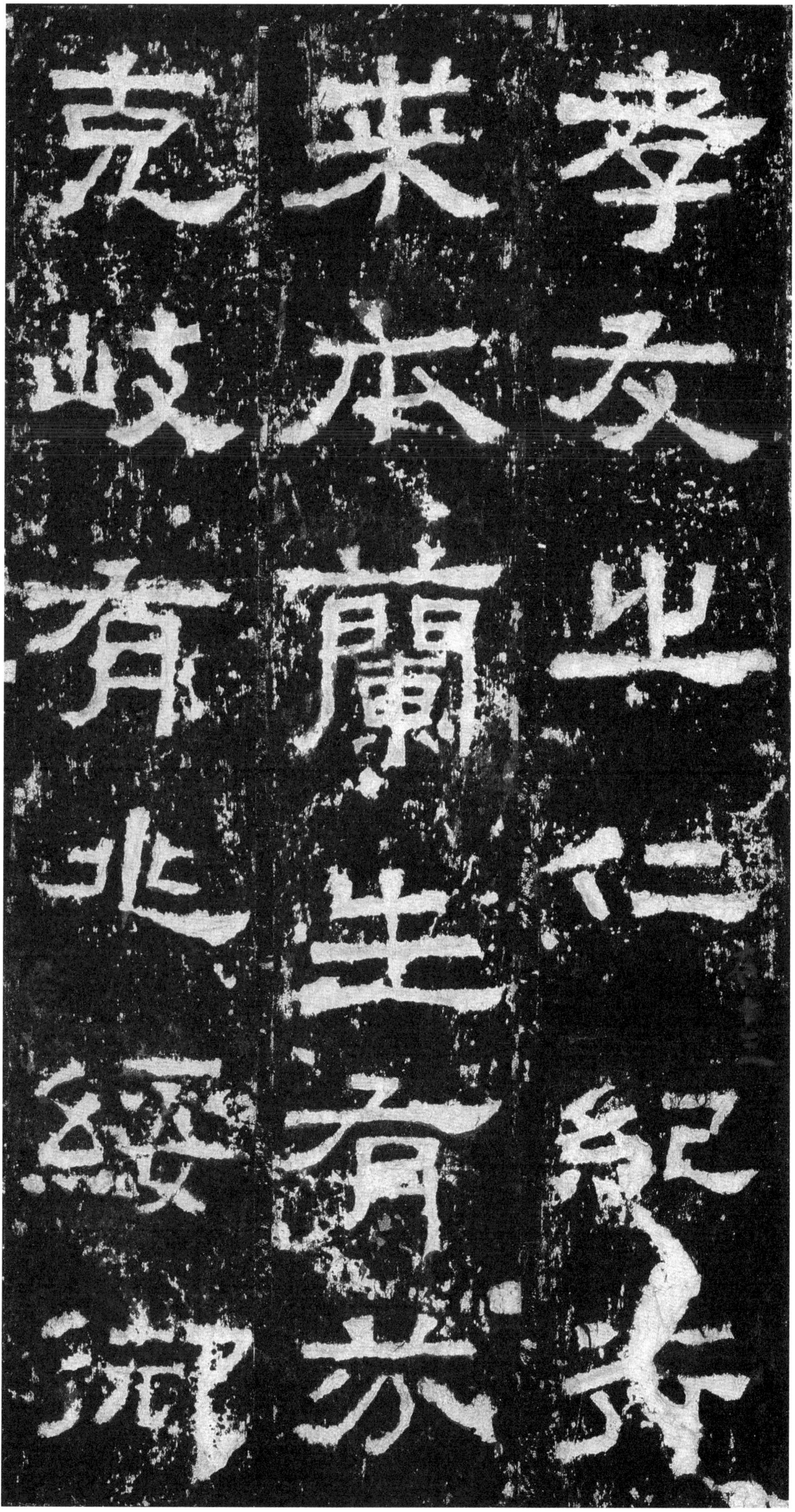

孝友之仁。纪行／来本，兰生有芬。／克岐有兆，绥御／

有勋。利器不觌，〳鱼不出渊。国之〳良干，垂爱在民。〳

蔽沛棠树，温温/恭人。乾道不缪，/唯淑是亲。既多/

受祉，永享南山。/干禄无疆，子子/孙孙。表/

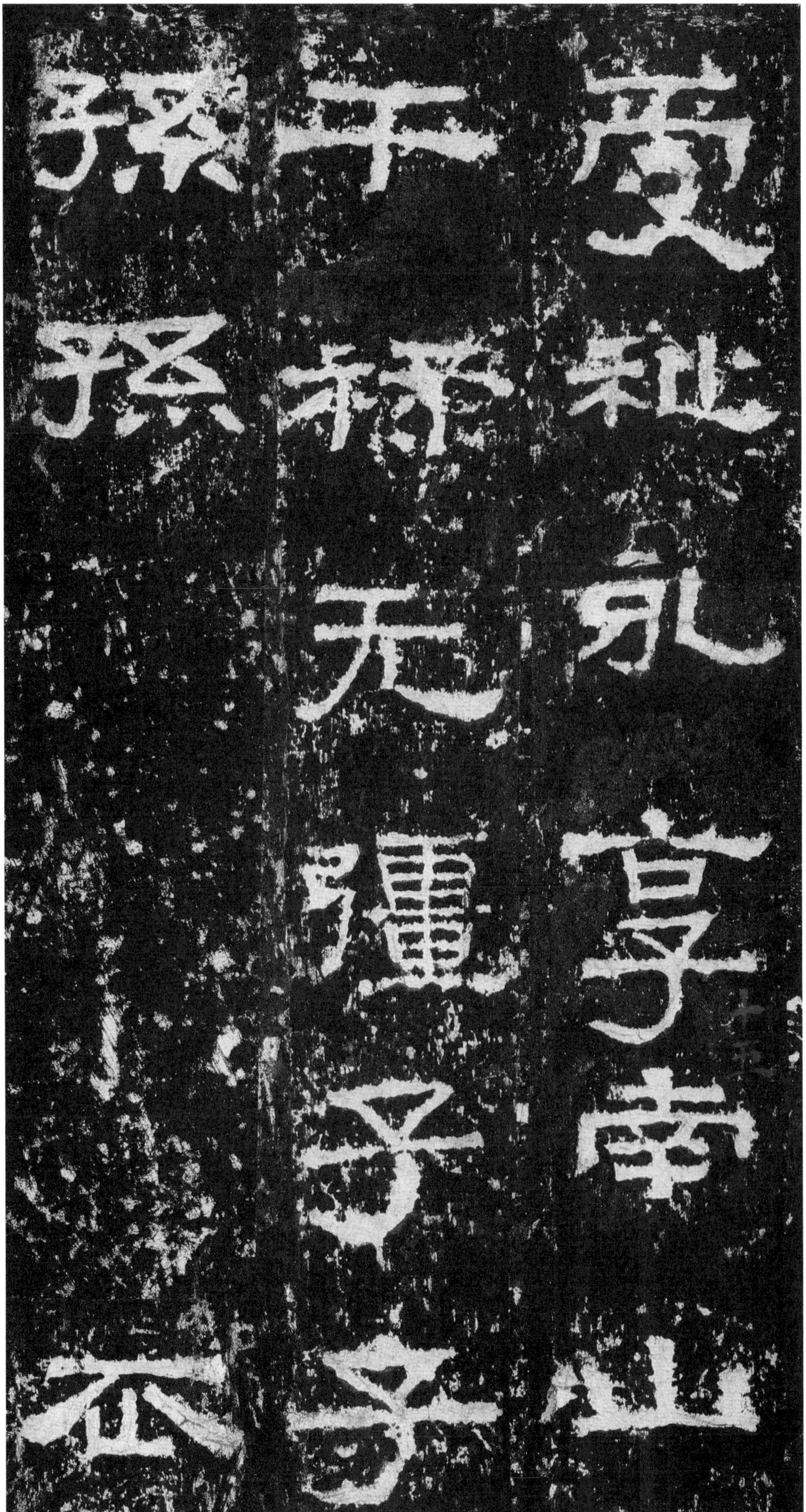

惟中平三年，岁/在摄提，二月震/节，纪日上旬。阳/

气厥析，感思旧/君。故吏韦萌等，/佥然同声，赁师/

孙兴，刊石立表，〵以示后昆。共享〵天祚，亿载万年。

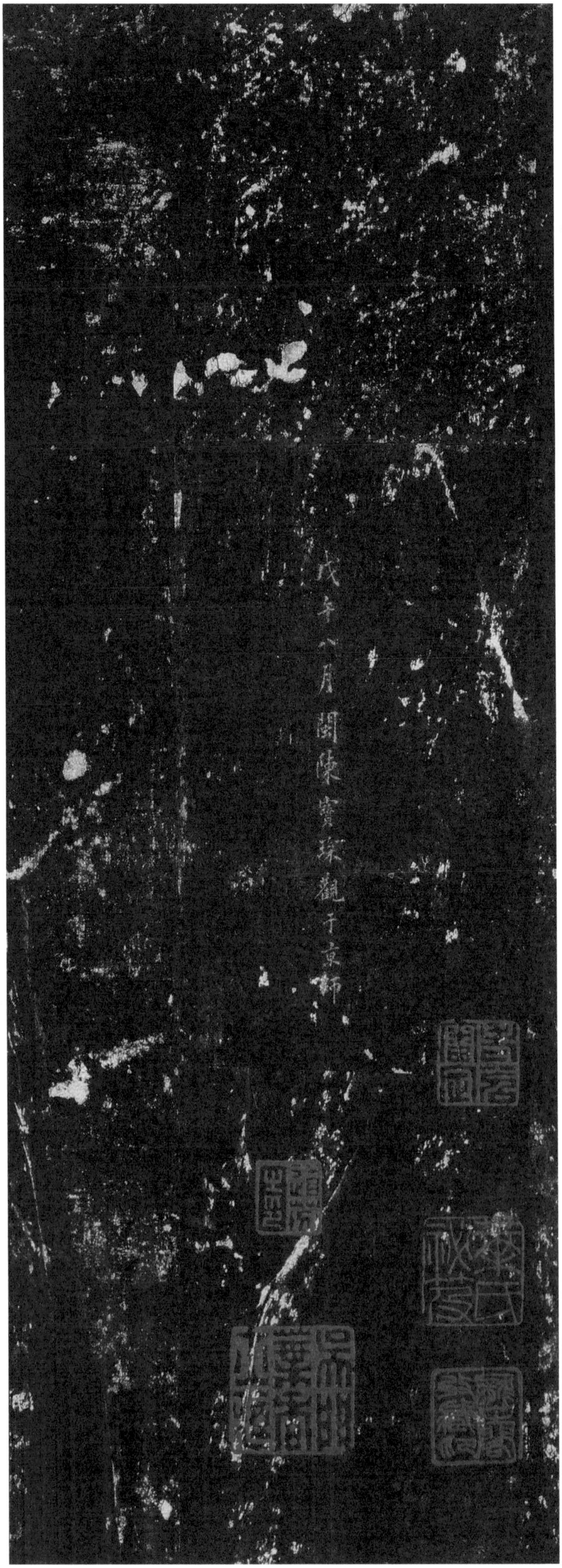

戊午八月閩陳寶琛觀于京師